Älskade
PENGAR

Omslagsdesign och inlaga: Annika Ekelund, Formfabriken AB
Foto: Fanny Widinghoff, www.fotofanny.se
Förlag: BoD – Books on Demand, Stockholm, Sverige
Tryck: BoD – Books on Demand, Norderstedt, Tyskland

ISBN: 978-91-8057-469-3

www.nadiawallin.com

Even
After
All this time
The Sun never says to the Earth

"You owe me"

Look
What happens
With a love like that,
It lights the whole sky.

Hafez

INNEHÅLL

När du är stressad är din reptilhjärna aktiverad. Det gäller all stress. Även ekonomisk stress. När reptilhjärnan är aktiverad fattar du lika bra beslut som när du är alkoholpåverkad. Inte särskilt bra beslut med andra ord. Det är problem nummer ett. Problem nummer två är att din ekonomiska stress är så pass normaliserad att du inte alltid ser den eller ifrågasätter den. Om du lägger märke till din ekonomiska stress är det förmodligen för att reaktionen är väldigt kraftig, och så tänker du "Det är så här DET är" (alltså att pengar är ett nödvändigt ont för alla), eller så tänker du "Det är så här JAG är" (Fångad i en identitet oförmögen till förändring).

Men inget av det är sant. Ekonomisk stress går att identifiera på ett djupare plan och därmed bearbeta och förändra. Precis som vilken stress som helst. Goda nyheter, inte sant? Nu är det dags att släppa taget om reptilhjärnan och bli ekonomiskt emotionellt intelligent.

Älskade Pengar – din handbok i ekonomisk emotionell intelligens

KORT BAKGRUND

2018 började jag arbeta som skuldrådgivare. En yrkesroll som innebär möten med rådgivning och vägledning för personer i privatekonomisk kris. Jag hamnade inte där för att jag hade ett stort intresse för pengar, utan för att jag tyckte om mötet med människor. Tiden för ansökningen hade egentligen gått ut när jag skickade in mina handlingar till min nya arbetsgivare. Jag var motiverad av min kära vän och förebild Bellan som sa att jobbet skulle passa mig eftersom jag hade en fallenhet för att möta människor i kris. Trots att handlingarna kom in två dagar för sent, och trots att de erbjöd tjänsten som skuldrådgivare till tre andra mer kvalificerade personer än mig, fick jag jobbet. Visst är det sådana detaljer som får en att tänka att det kanske var ödet som gjorde att jag skulle just dit, eller hur?

Om jag ska vara ärlig var jag nervös inför alla siffror som jag tänkte att yrket handlade om, men jag insåg ganska snart att det inte var så svårt. Den identitet som jag hade gett mig själv sedan mattelektionerna på mellanstadiet om att siffror inte var min grej fick jag helt enkelt släppa taget om. Allt gick att lära sig och det skulle visa sig att de samtal jag hade med mina klienter, till stor del inte handlade om pengar. Till den större delen handlade samtalen om tragiska livsöden, sorg och skam. De samtalen handlade om rädsla för myndigheter och andra personers eventuella fördömanden. Efter hundratals samtal år ut och år in, såg jag flera samband och mönster mellan mina klienter. Det spelade inte så stor roll om personerna var födda i Sverige eller om de var födda utomlands.

Inte heller utbildningsbakgrund, hälsostatus eller yrkesliv verkade spela någon roll, det fanns väldigt många likheter. Likheterna handlade om hur personerna kände inför sig själva och sin ekonomi. Majoriteten av personerna kände skam, misslyckande och en hopplöshet i kombination med hög stress som gjorde det svårt för dem att tänka klart.

Vad man vet genom forskning och erfarenhet är att människor i ekonomisk utsatthet mår sämre fysiskt och mentalt. Stressen de lever i förstör sömnen och påfrestar hälsan något enormt. Men jag såg även en hel del likheter i relationen till pengar utanför mina klientsamtal. Jag mötte personer på min fritid, som inte var skuldsatta, som inte hade ekonomiska kriser, men som ändå var stressade över sin ekonomi. De var präglade av otillräcklighet, rädsla för framtiden och en mängd olika anledningar. Jag tyckte att min yrkesroll blev allt mer intressant när jag såg likheter mellan personer jag mötte i min vardag och mina klienter. Skillnaderna var bara att de befann sig på olika platser av den ekonomiska stressens skala. Jag insåg att även jag dansade runt på en ekonomisk emotionell skala av otillräcklighet som påverkade både mitt egna sparande och spenderande.

Ibland träffade jag personer i skuldrådgivningen som ville ha hjälp att upprätta sin budget. De hade ingen pågående kris, men deras rationella del av hjärnan sa att det kunde vara bra att göra en budget. Problemet var att inte hade en emotionellt laddad anledning som motiverade dem på riktigt. Avsaknaden av genuin motivation gjorde att personerna inte följde upp sin budget med nödvändiga förändringar, och de kom inte tillbaka till mig för mera rådgivning.

En budget är ungefär som ett kostschema. För att ett kostschema ska gynna din hälsa långsiktigt behöver schemat ta hänsyn till näringen, proteinerna och kolhydraterna i balans med din kropps specifika behov och energiförbrukning. Det svåraste är inte att göra kostschemat när du väl har förstått dina egna behov. Det svåra är att leva efter det nya schemat och vara lyhörd för förändringar som nya tider kan kräva. Har du inte koll på dina svagheter och hittar ett sätt att förhålla dig till dem kommer dina gamla vanor snabbt smyga sig tillbaka. Och har du inget mål för din kropp och hälsa som betyder något för dig minskar kraften att kämpa för förändring. Detsamma gäller med din budget.

En budget behöver inte vara krånglig. En bra start är att svara på frågorna,

1. Vilka pengar kommer in, hur mycket är det och varifrån kommer de?
2. Vart tar de vägen?
3. Vilka kostnader vill du behålla och vad vill du ändra?

Den planen är inte svår att göra, möjligtvis ångestladdad om du undvikit att titta på dina siffror under en längre period. Men i teorin är budget inte svårt. Det är livsstilsförändringen som budgeten ber om som kommer att utmana dig. Som jag sa innan, majoriteten av de personer som har kommit till mig i skuldrådgivningen för att få hjälp med sin budget har inte kommit tillbaka till ett möte nummer två. Om du inte vet hur du ska hitta motivation och om du inte vet hur du ska ta hand om de emotionella svaga sidor som kan trigga avsteg från planen, blir livsstilen runt din nya budget svår att hålla.

Om du har fått spartips som du inte motiveras av eller om du gör planer för din ekonomi som du inte håller, handlar det inte om att ekonomi inte är din grej. Du behöver bara gå djupare i förståelsen av dig själv. Denna handbok är en introduktion till att förstå dina tankar, dina känslor och dina behov för att därefter skapa förändringar i din ekonomi som passar dig personligen. **Läs boken med inställningen om att du ska plocka russinen ur kakan.** *Handboken presenterar inte en helhetslösning för alla personer och alla tillfällen, men var observant när jag nämner saker som passar dig och utforska dem.*

Du och din ekonomi förtjänar det.

VARFÖR ÄR PENGAR SÅ SVÅRT?

Pengar är inte svårt för alla. Men det är ett känsligt och krångligt ämne för väldigt många. Om vanliga spartips inte hjälpt dig och din ekonomi är det inte dig det är fel på. Du behöver helt enkelt andra perspektiv att utgå ifrån i mötet med dina pengar. En bra start är att fundera över varför pengar är svårt att hantera och känsligt att prata om för dig personligen?

I grund och botten är pengar bara ett verktyg för att möjliggöra transaktioner för varor och tjänster. Men det är ett verktyg som skiljer sig från de flesta andra verktyg. Inget annat verktyg används av så många personer i så många situationer överallt och hela tiden. Inget annat verktyg kan begränsa livet så mycket för någon och samtidigt innebära så många möjligheter för en annan. Pengar är ett verktyg som kan uppfylla drömmar, men för de allra flesta är det ett medel för överlevnad förknippat med mycket stress.

Pengar. Pengar. Pengar. Bara ordet i sig är förknippat med stress och obehag för många personer. Sanningen är ju den att vi lever i en verklighet där många människor missbrukar sin position av makt och pengar på ett sätt som påverkar andra människor, djur och natur negativt. Det finns en orättvisa i den kollektiva och historiska energin kring pengar. De rika blir rikare och de fattiga blir fattigare. Det är inte pengarnas fel. Ska vi beskylla någon för detta så är det ju faktiskt människan som skapat ett system som inte tar hänsyn till helheten. Människan bär ansvaret för problemen, men också för lösningen.

Det är en del av vår samtid att många missbrukar både makt och pengar, men det betyder inte att pengar är något dåligt. Ansvaret bör ligga på människans handlingar, inte på verktyget i sig. Gör du den gränsen tydligare för dig själv blir det enklare att förändra din relation till pengar. En av de vanligaste underliggande orsakerna som gör att en människa undviker att titta på och prata om pengar är för att pengar är förknippat med dåliga människor, och "en sådan" vill man ju inte vara.

Om du hjälper dig själv att frigöra verktyget pengar från de negativa associationerna du bär på, medvetet och undermedvetet, kommer du kunna se pengar som ett neutralt verktyg. Ett verktyg som du helt enkelt använder i skapandet av ditt privatekonomiska liv och använder vid handel.

Utöver associationerna som pengar har från samhällsstrukturer, historia och media, har du en personlig historia från din uppväxt och din familj.

BARNDOMENS ARV

Det sociala arvet har påverkat din syn på pengar, men eftersom vi inte pratar om ekonomi ur ett känslomässigt perspektiv normaliseras arvet till den grad att den knappt blir synlig för dig själv. Genom samtal, reflektioner och observationer kommer du förstå dig själv och ditt arv och därefter kunna skapa positiv förändring med hjälp av denna bok och din egen goda vilja.

Många saknar minnen av sunda samtal om pengar från barndomen, men flera minns bråk. En sådan uppväxt lägger grund för en automatisk föreställning om att pengar är ett känsligt samtalsämne. Men det finns flera aspekter kring hur dina närmaste vuxna såg sin omvärld. Ett vanligt exempel:

Hur pratade dina föräldrar om personer som tjänade mera pengar än dem eller såg ut att ha det bättre ställt materiellt? Om det fanns bitterhet eller avundsjuka i rösterna så kan du ha präglats av den inställningen, och undermedvetet bestämt dig för att inte få en bättre ekonomi än dina föräldrar. Eftersom ditt inre barn inte vill att föräldrarna ska se på dig med bitterhet eller avundsjuka.

En vän till mig växte upp i en stad i Argentina där han bodde i närheten av sina rika kusiner. Han såg familjen överösa barnen med dyra leksaker, resor och fyrhjulingar medan de vuxna körde lyxiga bilar. Som barn upplevde min vän det som orättvist och såg sig själv som mindre lyckligt lottad. Men när han blev äldre så insåg han att kusinernas föräldrar var involverade i kriminalitet som finansierade alla dyra prylar. Då blev hans inställning annorlunda och beskrev det som en lättnad, "Vilken tur att vi i min familj inte var rika och kriminella!".

Sambandet blev starkt, är man rik är man kriminell.

Så länge jag har känt min vän har han varit en kringresande arbetare som föredrar att leva spartanskt, bland annat präglad av att det bara är kriminella som strävar efter, och kan lyckas få, mycket pengar. Han har precis så han klarar sig och säger att han är nöjd med det, även om det vore väldigt skönt att ha så mycket pengar att han inte behöver tänka på...,

just det,

pengar.

Han gör som så många andra människor (oavsett samhällsklass). Han lever utefter sina invanda mönster och ifrågasätter inte hur han skulle kunna agera annorlunda runt pengar. Rent krasst så undviker han att tänka på pengar. Samtidigt som det vore så skönt att ha så mycket pengar att han inte behövde tänka på dem. Detta är så vanligt. Längtan efter att slippa tänka på pengar.

Det finns lika många associationer till pengar och materiell standard som det finns människor och livshistorier. Kommer din familj från en generation av hårt arbetande bönder, fabriksarbetare eller gruvarbetare? Föreställningen om att man måste jobba hårt för pengar lever kvar hos många personer i nutid, fast vi idag har många fler möjligheter att tjäna pengar kopplat till intressen, kreativa förmågor och passioner. När gamla arv lever kvar styr de dina val mer än du ser, vilket leder till att många efter en viss ålder frågar sig "Blev inte livet mer än så här?"

Gör du val baserat på gamla mönster, framför dina egna behov är risken för missnöje stor. Ditt liv skulle kunna levas för din skull och dina pengar skulle kunna stötta de valen.

Det kommer inte gynna dig att se på världen som dina hårt arbetande förfäder gjorde. Om du istället ser på verkligheten för hur det är idag och övar på att skapa lösningar som passar dig kommer du må så mycket bättre. Det enda som står i din väg är huruvida du tror att det är möjligt eller inte. För om du bestämmer dig för att det inte är möjligt kommer du inte försöka tills du lyckas. Men har du modet nog att ta till dig ny kunskap, nya perspektiv, och framförallt testa dig fram, kommer du inte bara att lyckas. Du kommer att utvecklas till en tryggare och mer fri individ. Men vad är det här med mönster egentligen, och hur bryter man dem?

MÄNNISKAN PÅ REPEAT

En del hävdar att människans hjärna är gjord för att upptäcka faror. Måhända att en del av hjärnan kan vara duktig på det, men jag tror hjärnan är mycket duktigare på att automatisera än på att kalkylera. En hjärna kan vara duktig på att automatisera rädsla, och därmed förvänta sig rädsla av både ologiska och logiska anledningar. Både präglat av egna trauman från uppväxten eller av alla hemska nyheter som media ger dagligen.

Hjärnan är duktig på att automatisera. Det är smart ur ett energiförbruknings perspektiv. Istället för att mentalt aktivt delta i varje moment som du behöver göra dagligen lever människan på repeat. Du gör det du alltid har gjort, du tänker mer eller mindre samma tankar som igår och du har dina samtalsämnen som du föredrar. Försöker du ändra dina vanor tar det energi, ansträngning och beslutsamhet. Från ett energiförbukrningsperspektiv är det alltså ganska smart att vi lever på repeat. Men det finns fallgropar i det automatiserade som du behöver känna till om du vill skapa dig ett bättre liv och sundare ekonomiska vanor.

Hjärnan kan automatisera förväntningar och föreställningar om världen. Det innebär att du inte på något sätt behöver ha en förväntan om världen som är logisk, rimlig eller sann. Det är det som gör att en person kan klandra sig själv för att den blir dåligt behandlad i en destruktiv relation, eller sakta normalisera ohållbara arbetsförhållanden eller osunda vanor. "Så har man alltid gjort" eller "Så gör alla andra" är en vanlig ursäkt som gör att hjärnan inte behöver anstränga sig och tänka mera. Genom att hänvisa till tidigare upprepning får automatiseringen fortsätta vidare på samma spår. Om du däremot är intresserad av en förändring kommer du behöva utmana dina invanda tankemönster, föreställningar och beteenden. Detta gäller allt. Inte minst i din relation till pengar.

Dina automatiserade föreställningar är alltid begränsande, varje gång du har uppnått en ny milstolpe finns det alltid utrymme för mera utveckling. Var och en har möjligheten att avgöra när hon vill vila och njuta, och när han vill utvecklas lite till.

Det finns forskning som visar på att människan tänker 60 000 tankar om dagen, varav 95% är samma som från gårdagen, som är samma som dagen innan, som är samma som dagen innan det. Men vad startade alla dessa tankar? Givetvis finns det förändring som sker över tid, påverkad av människorna omkring dig och information som du ger din hjärna. Men en väldigt stor del av vem du är idag formades i barndomen, vissa hävdar att det började redan under tiden i livmodern, fram till sju års ålder. Informationen kommer inte bara från din hjärna, utan du lagrar minnen i din kropp som kommer reagera utifrån vad den varit med om innan.

Det är därför det blir relevant att fundera över det sociala arvet och vad du växte upp med för att kunna frigöra dig från det som begränsar dig idag. Dina tankemönster kommer ofta med en känslomässig laddning (informationen från kroppen), och det är det som gör att det inte är helt enkelt att byta spår. Men all känslomässig laddning går att möta och förändra så att den antingen känns neutral, harmonisk och lugn, eller väldigt positiv.

Tänk dig en vardag där din hjärna har automatiserat positiva tankar och känslor i förhållande till dina pengar. Hur skulle det vara om du kände uppskattning för alla pengar du har haft, alla pengar du har och alla pengar du kommer att få, utan ansträngning?

Vad skulle du vilja känna i ett vardagligt normaltillstånd när du använde, tänkte på, eller pratade om dina pengar? Här får du några förslag som inspiration till att hitta ett ord att ha som din mål-sättning.

Tillit, Lugn, Glädje, Kärlek, Generositet, Påfylld, Nöjd, Inspirerad, Tacksam.

ÄNDRA EN TANKE OCH ÄNDRA DIN EKONOMI

I min barndom spenderade jag mycket tid med att läsa böcker, rita och skriva noveller. Allt som var kopplat till att läsa och skriva kom väldigt enkelt i skolan. Men att använda hjärnan för att tänka analytiskt och tex räkna var inte lika lätt och jag gav upp innan jag ens försökte tillsammans med orden "siffror är inte min grej". Jag gav mig själv en identitet som jag inte ifrågasatte. Utan att jag förstod det där och då, blev det ett sätt att slippa anstränga mig och utvecklas.

Trots att den bilden av mig själv påverkade mig negativt på många sätt genom livet fanns det fyra ord som präglade mig ännu mer. Det var de fyra orden.

"VI HAR INTE RÅD"

Jag var äldst av fem syskon och även om det fanns någon pappa med i bilden ibland såg jag min mamma som ensamstående nästan hela tiden. Jag såg hur hårt hon arbetade för att få in pengar och hur mycket hon ansträngde sig för att vi skulle ha det bra. Men då och då såg jag också stressen och uppgivenheten i henne när hon behövde säga de där fyra orden. "Vi har inte råd".

Ingen förälder jag har träffat i vuxen ålder vill vara den ekonomiska begränsningen för barnens drömmar, men de flesta av oss är det. I en senare del av boken kommer mina reflektioner om föräldraskap och pengar, ett tema som jag bland annat pratat om i TV4 morgonsoffa. Men just precis nu ska jag berätta om hur mina omgivande vuxnas ekonomiska stress påverkade mig när jag var barn.

Eftersom jag kunde se hur jobbigt det var för min mamma ville jag inte besvära henne. Jag insåg ganska snabbt att de fyra orden, "Vi har inte råd", skulle vara ett standardsvar på många frågor jag därför aldrig ställde. När mina kompisar skulle på bio så valde jag att inte fråga min mamma om pengar för att följa med, men när vi pratade om veckopeng i skolan sa jag "Jag får inte veckopeng men jag får alltid pengar när frågar." Ett sätt att skydda mig själv, min mamma och inte tänka på alla gånger jag inte bad om pengar.

Mitt sociala arv kom inte bara hemifrån. Min uppfattning var att precis alla vuxna alltid pratade om hur dyrt allt var, framförallt maten i affären och tandläkarbesöken efter att man hade fyllt arton. När jag blev sexton år fick jag hushålla med både studiebidrag och underhållsstöd själv. Jag fick någon vag uppmuntran här och där om att jag borde spara, men jag förstod inte riktigt till vad. Jag är ganska säker på att jag fick ansvara för någon egen utgift såsom telefonen och kanske busskortet som skulle ta mig stallet.

I stallet arbetade jag för att få ridlektioner gratis och ibland för att få lite pengar i handen. Då och då sa någon att det var dumt med svart inkomst eftersom jag då inte fick något sparat till pensionen. Om sextonåriga jag inte kunde planera en månad fram var pensionen en tid i livet som aldrig skulle existera. Mina pengar försvann till mina kompisar som hade dyra vanor och då och då pep om hur synd det var om dem "som inte hade några pengar". Om någon inte hade råd så ville jag finnas där och stötta med mina pengar. Jag var alltid tillbaka till noll på kontot innan nästa månads utbetalning. På något sätt trodde jag att det var så alla levde sina liv. Jag kände mig inte stressad över mina pengar, men mitt ekonomiska flöde saknade helt mål och riktning. Jag levde för dagen och kände att jag alltid skulle klara mig.

Efter en helg i Sälen, ett halvår efter studenten, där jag inte stod på några skidor men glatt dansade runt på After-Skin träffade jag en person som hade ett rum att hyra ut i Hägersten. Han var granne till en av mina närmsta vänner, det kunde inte bli mer perfekt. Jag längtade efter att få vara i mitt egna space och ta vardagen i min takt istället för att bo hemma bland alla syskon.

Någon vecka efter vår skidfria helg i Sälen hade jag flyttat in. Jag studerade på universitetet, inte för att jag hade mål med min karriär utan för att CSN-stödet var enkla pengar. Att studera kändes enkelt, jag gav det lite tid men fokuserade mer på att hänga med vänner, jobba extra i stallet och härja runt. Jag var alltid på väg någonstans.

Det var en spännande tid med många fester och galna upptåg, men ett av mina starkaste minnen var från när jag skulle storhandla mat själv för första gången. Allt jag visste var att mat är riktigt dyrt, och att räkna inte var min grej. Jag visste inte att det här skulle bli en minnesvärd utmaning förrän jag började plocka på mig matvarorna i butiken.

Jag befinner mig på Hemköp i Västertorp, en förort till Stockholm, butiken ligger en liten promenad från lägenheten i Hägersten där jag numera hyr ett rum. Äntligen har jag flyttat hemifrån. Jag har en matkorg på vänster arm och plockar det jag tror att jag behöver med höger hand. Bröd, fisk, ris, grönsaker... Men min glädje över att vara vuxen och självständig är inte med mig på affären. Jag är så stressad att jag knappt kan räkna ihop beloppen på matvarorna jag tar. Allt jag vet är att mat är dyrt, och att jag skulle dö av skam om kassörskan skulle säga "Köp medges ej". Jag ville inte titta på mina varor i kassan och säga "Jag har inte råd." Men jag måste äta, så jag måste försöka. *Hur mycket mat äter man egentligen?*

När jag inte vågar plocka på mig flera saker går jag sakta mot kvinnan bakom kassan. Jag håller andan medan jag placerar varorna på rullbandet. Känner hur pulsen slår hårt i halsen.

”Mat är väldigt dyrt”, ekar det i mitt inre. Det enda jag kan tänka på är att jag har 3000 kronor på kontot. Jag hoppas verkligen att det ska räcka.

Kassörskan ber mig betala 650 kronor.

Jag skrattar högt av lättnaden.

”Vadå, MAT ÄR DYRT?”
”Vadå, vi har inte råd?”

Stresspåslaget i kombination med lättnaden gjorde mig odödlig.

Där och då ändrades min inställning till ekonomi. Min insikt var att PENGAR inte var ett problem. Det kom ju nya varje månad.

Men det var min inställning till pengar som hade ändrats, inte mitt beteende. Jag fortsatte att leva för dagen, jag fortsatte att känna att jag alltid skulle klara mig. Jag fortsatte att se mig själv som en sådan som inte hade lätt för siffror. Men pengar, det var inte ett problem.

Några år senare var jag inte lika kaxig och obrydd. Jag hade tagit mig ut i världen, studerat fransk juridik i Montpellier och blivit förälskad i en man i Aruba. Vi varvade Sverige med den Karibiska ön någon vända. Slutligen landade jag här hemma igen i Sverige, augusti 2014. Jag hade blivit rikare på livets läxor men ekonomin hade stramats åt. Nu var jag nämligen ensamstående med en tvååring i handen och jag hade en bebis i magen.

Vi har inte råd...

De fyra orden jag växt upp med som om de vore ett soundtrack av min barndoms relation till pengar. Samma ord som jag sedan viftat bort och skrattat åt, de orden var nu tillbaka i varje minut av varje dag. Jag var en ensamstående mamma, utan en ordentlig yrkesbakgrund, inkomst eller förståelse för varken pengar eller framtid. Envist förankrad i min känsla av att allt alltid kommer att lösa sig.

Jag gick tillbaka till den ekonomiska lösning jag kände till. Nämligen att studera med studielån. Jag hade beslutat mig för att studera på universitetet för att ha rätt till CSN under perioden fram till förlossningen. Den lilla bebisen var beräknad den 15 december, men med lite tur skulle han komma i mellandagarna, så att jag kunde studera klart första terminen och hinna landa lite innan nästa termin.

Han föddes den 29:e december och var den nöjdaste lilla pojken man kunde träffa och följde lugnt med till föreläsningar och workshops med otroligt stöttande och förstående lärare och studenter. Allt kommer alltid att lösa sig.

Väldigt mycket var väldigt fint under den här perioden. Men den ekonomiska stressen var mer eller mindre närvarande hela tiden. Jag ville inte att mina barn skulle växa upp med ekonomisk stress och jag förstod att det lika mycket handlade om hur jag förhöll mig till vår situation som vad jag gjorde med den. Jag fick öva på att vara snäll med mig själv. Komma ihåg att det skulle vara våra stunder tillsammans som skulle vara mest värda i det långa loppet.

Och att med sömnlösa nätter, och vabbdagar, och allt vad småbarnsåren skulle innebära, fick jag acceptera att förändring skulle ske långsamt. Förändring skulle ske över tid. Det var en svår insikt att acceptera efter att ha levt ett helt liv för dagen.

Men jag insåg också, att om jag inte gjorde en fundamental förändring av mig själv som människa, skulle mitt liv inte ändras. Om jag inte ändrades skulle jag helt enkelt fortsätta spendera utan en långsiktig plan, främst fokuserad på att anpassa mig månad för månad.

Någonstans längs den vägen insåg jag att jag hade en dominerande tanke. Fyra dominerande ord som undermedvetet inte bara styrde min ekonomi, utan också mitt välmående.

Vi har inte råd. De orden hade präglat mitt sätt att tänka så mycket att jag inte visste vad jag ville ha i något. Det fanns ingen idé om att utforska mina drömmar, vad jag ville ha, för jag antog att dörren var stängd. Det fanns ingen långsiktighet, inga möjligheter, det handlade bara om att överleva dagen. När jag insåg hur jag begränsade mig själv genom orden och tanken, så bestämde jag mig för att ALDRIG mer upprepa de fyra orden. Det beslutet var det bästa jag kunde ta eftersom det är så mycket enklare att förbättra sin situation och göra förändringar om man väljer tankar som stöttar förändringen.

Vilka ord och tankar är dina vanligaste i relation till din ekonomi?

ÖVNING – ANVÄND PAPPER OCH PENNA

1. Skriv ner allt som är negativt med pengar på ett papper.

2. Lägg märke till om det finns ett mönster eller ett tema som genomsyrar allt du har skrivit. Inspirerat av din text formulerar du en mening som sammanfattar dina negativa perspektiv på pengar, motsvarande mina ”Vi har inte råd”. Det behöver inte vara förankrat med din barndom i denna övning, men kan vara.

3. Därefter fattar du ett beslut om att aldrig mer utgå från de perspektiven eller använda de orden. Välj istället en ny formulering som du ska använda istället. Skriv upp orden där du kan se dem ofta och upprepa dem högt eftersom rösten överröstar tanken. Envisast vinner.

Kom ihåg att övningen börjar med att du tar fram papper och penna, och sedan fortsätter övningen så länge som de begränsande tankarna visar sig.

Medvetenhet är första steget till förändring. I detta kapitel ska vi utforska olika beteenden och för enkelhetens skulle skapa ett gäng kategorier för att kunna svara på frågan ”Vem är jag i förhållande till min ekonomi?” När du känner igen beteenden som inte gynnar din ekonomi så kommer det väcka känslor. Det är meningen. Tillåt dig att andas igenom de känslor som kommer oavsett om det är en liten nyans eller väldigt starkt.

Öva på att se dig själv från ett empatiskt perspektiv där du inte klankar ner på dig själv när du identifierar beteenden du inte vill ha. Var lika stöttande mot dig själv som du hade varit mot en kär vän.

I de mest dramatiska situationerna i skuldrådgivningen, där känslorna inför ekonomin har motiverat suicid, har empati varit de kraftfullaste verktyget för att klienterna ska hitta ny kraft och därmed skapa förändring. Det finns mängder med varianter av personlighetstyper kopplat till dina pengar, och det finns även forskare som tittar på samband mellan anknytningsteorin (hur och varför man dras till en viss typ av kärleksrelationer) och ekonomiskt beteende. Man kan givetvis känna igen sig i flera av delarna, och det är möjligt att du ser en egen kategori för dig själv som inte är nedskriven här.

Poängen här är att se vilka känslor som motiverar vilket typ av beteende inspirerat av kategorierna.

STRUTSEN

Du undviker gärna att titta på din ekonomi. Det är möjligt att du inte ens skulle öppna en bok som denna. I många fall lever Strutsen tillsammans med en person som sköter den ekonomiska planeringen så att du själv slipper. Alternativt undviker du dyra intressen för att kunna förlita dig på att allt går runt även om du blundar för budgeten.

Stark sida: Jag försöker komma på en positiv sida med detta beteende men jag gör nog inte det. Däremot är det viktigt att komma ihåg att ett beteende kring pengar inte definierar en person. Så även om du stoppar huvudet i sanden och undviker din ekonomi, så har du garanterat många andra starka sidor och fantastiska egenskaper.

Svag sida: Strutsen tycker ju som sagt att det här med pengar är både obehagligt och jobbigt. Är du en struts så kan du nog hålla med om att du inte vill titta på din ekonomi. Du blir defensiv och stressad när det är dags att prata pengar. Du undviker temat så långt det går. I de värsta fallen tvingas strutsarna söka kunskap och ändra sin förhållning kring ekonomi när marginalerna har stramats åt ordentligt.

Fråga dig själv vad du känner när du behöver komma närmare din ekonomi. Får du ont i magen? Får du ångest? Vad händer inom dig? Kan du ge dig själv utrymme att känna känslorna en stund innan du sätter dig vid din budget. Från sidan 60 får du ett kapitel som handlar om hur du kan bearbeta dina känslor. Men du kan redan nu ge dig själv utrymme att känna känslorna som kommer utan att döva dem eller undvika dem.

SPENDERARE

Du skulle beskriva dig som en livsnjutare. Du lever för dagen och behöver inte unna dig eftersom dina köp inte är undantag, de är din standard. Shopping eller andra dyra intressen är inte bara en hobby, utan en livsstil. Oro för framtiden? Nej, det är inte där ditt fokus är, livet ska levas här och nu.

Stark sida: Du är gärna generös mot andra och tycker om att få ge. Med rätt motivation spenderar du på sådant som också innebär utveckling och investering. Är du i balans så vill gärna att din ekonomi ska få växa så att du kan få njuta ännu mer av att spendera.

Svag sida: Det kan finnas en rastlöshet och en svårighet att tänka långsiktigt för dig som är en spenderare i obalans. Impulskontrollen kan vara svår att hantera vilket innebär att även om du har många berikande livserfarenheter så finns det också en och annan dyr läxa i bagaget. Det är möjligt att du sparar i perioder, men då är det inte ovanligt att du hittar något att bränna pengarna på varje gång du lyckats spara ihop en större summa.

SPARARE

Den som spar den har. Men vad är det du sparar till och när får de sparade pengarna användas? En familjemedlem till mig arbetar som finansiell rådgivare och hjälper sparare att placera sina pengar. Ofta möter han personer som har sparat pengar som en sport, miljonen på kontot är ett livsverk, på sådan nivå att ingenting känns värt att använda pengarna för.

Stark sida: Att spara och tänka långsiktigt skapar en trygghet för oförutsedda händelser. Med ett tryggt kapital har du möjlighet att säga upp dig utan att vara beroende på en inkomst månadsvis. Det kan vara bra om du exempelvis vill ta en paus och resa, eller starta ett företag eller ägna dig åt ett kreativt projekt. Med sparade pengar kan du skilja dig och behålla din levnadsstandard eller köpa dig ett nytt boende. Det är även fint om du har sparat pengar så att du kan leva gott även under pensionen.

Svag sida: En del personer sparar pengar för att det finns ett mönster om att vara "den duktiga vuxna" och får dåligt samvete av att spendera delar av sina pengar. Vem tyckte att det var viktigt att spara när du växte upp, eller såg du negativa konsekvenser av att någon levde helt utan pengar? Vad är det som motiverar ditt sparande? Vad vill du göra med dina sparade pengar?

Bonusfråga: *Är du en som sparar pengar för dina mål och behov eller är du en som samlar pengar för att det skulle ge dig ångest att inte spara? Vilken känsla motiverar din prioritering?*

Gör man gott för andra ska man göra det gratis. Du behöver inte vara spirituell för att ha denna prägling, men den är vanlig bland andliga kretsar som uppmuntrar till att dämpa ha-begär och materialism. Detta beteende (eller denna kultur) ser man även i yrken som handlar om att vårda, vägleda och ta hand om andra människor. Kulturen säger något i stil med, du får inte be om pengar om du är snäll och givmild. Att få vara av värde för omvärlden är värdefullt nog, och i dessa sammanhang känns det fult att be om pengar. Fult att vara egoistisk och se till sina egna behov.

Stark sida: Du är en uppskattad person som gör mycket gott för din omvärld.

Svag sida: Även du behöver äta mat och betala för ditt boende. Väljer du att fortsätta se pengar som något fult så kommer du alltid behöva andras hjälp. Det är såklart inget fel med det, om det inte är så en dag att de som hjälpt dig behöver välja sig själva. Pengar får vara en fin ersättning till det fina du bidrar med i världen. Lita på att människorna som betalar dig för dina tjänster har råd att göra det.

SPELAREN

Du kan vara en spelare på onlinecasinot såväl som på börsen. Karaktärsdragen är att du är bekväm med att ta stora risker eftersom du främst ser möjligheterna. Om möjligheten till mera pengar bara kan komma genom att något utanför dig ska belöna en chansning från din sida så innebär det samtidigt att du inte tror på din egen förmåga att förändra din situation. "Plötsligt händer det" är Triss-drömmen som du jagar.

Stark sida: Friskt vågat, hälften vunnet. Man kan inte vinna på lotto om man inte köper en lott.

Svag sida: Även om du vinner en större vinst har du inte lärt dig att förvalta större summor pengar. Lotterivinnare är ofta snabbt tillbaka på noll igen, om inte minus. Har du inte ändrat dina vanor och beteenden kring pengar eller funderat på hur man gör det är sannolikheten stor att din ekonomi inte förändras till det bättre, trots en större vinst.

Lider du av spelmissbruk så kan du få hjälp med behandling via socialtjänsten där du bor. Du kan även begränsa ditt spelande via spelpaus.se

SKULDSATT

Att ha skulder är inte dåligt per automatik. Men en person som **känner sig skuldsatt** mår ofta dåligt. En livsresa som leder fram till betungande skuldsättning kan handla om alltifrån dödsfall i familjen, till sjukdom, bedrägeri, missbruk och arbetslöshet. I många fall finns det även ett karaktärsdrag (ett mönster) som har banat väg för skulderna. Det mönstret är gränslösheten. En gränslöshet som på olika sätt har uttryckt sig i att du har gett av dig själv och dina resurser till andra. Men du har gett mer än vad du har haft råd med. Du kan exempelvis ha lånat ut pengar, eller tagit lån åt någon annan, som sedan aldrig betalade tillbaka.

Vem som helst kan bli överskuldsatt, men det karaktärsdrag som jag har sett hos väldigt många människor är den här gränslösheten. Så vad är starka och svaga sidor med gränslösheten?

Stark sida: Godhjärtad och vill väl. Har övat på att hjälpa andra.

Svag sida: Prioriterar ofta andra framför sig själv och kan därmed enklare bli utsatt av personer som har mindre empati. Kan även vara väldigt hård mot sig själv och isolera sig från omvärlden i stället för att be om hjälp och komma ihåg sitt värde som människa. Har glömt bort att öva på att be om hjälp.

Skuldrådgivning är gratis och finns i varje kommun. Rådgivarna har tystnadsplikt och erbjuder tolk vid behov. Kontakta dem om du behöver hjälp med att reda ut din situation.

FÖRLÅTELSE

Som skuldrådgivare handlar genomgången av ekonomin inte bara om att få ordning på några siffror. Budgeten representerar personens livshistoria, där kan det finnas berättelser om svek, motgångar, förtvivlan och en enorm rädsla för vad andra ska tycka och tänka. Klienterna är rädda för vad jag som skuldrådgivare ska tycka och säga.

Många klienter har aldrig berättat för någon i sin omgivning om hur ekonomin ser ut, av rädsla för vad de ska säga. Är detta en projicering[1] av den egna besvikelsen? Väldigt ofta kan det vara så, eftersom omgivningen i många fall vill stötta och hjälpa till.

[1] Projektion är en term inom psykologin som beskriver en försvarsmekanism. Att projicera är att placera oönskade tankar, känslor eller impulser på en annan person som inte har dessa. Vi människor gör detta som ett sätt att slippa se och erkänna delar av oss själva som vi inte gillar.

Jag har träffat så många personer som bevarade hemligheten om sin svåra ekonomi för sig själv. Och efter det icke dömande mötet med skuldrådgivaren tog de mod till sig och berättade för en närstående, trots rädslan för dennes reaktion. När jag träffar klienterna för andra gången är de i en lättare energi och berättar hur fint bemötande de fick av sina nära. Detta är något som många skuldrådgivare vittnar om landet över. Empatin och välviljan är läkande, isolering och skam är det motsatta.

Om du dömer ut dig själv som misslyckad är det möjligt att du förväntar dig att omgivningen ska göra detsamma. När du har förlåtit dig själv spelar det inte lika stor roll vad omgivningen har att säga. För med förlåtelse har du både en förståelse för din historia och en lättare inställning till framtiden. Förlåtelse är en känsla som känns lätt och fri, medan skam tynger dig mycket.

Ordet förlåtelse kan kännas både stort och luddigt när man befinner sig långt ifrån det. Men låt det vara en riktning som du får vara nyfiken på och öva på. Släpp idén om en slutdestination där du kan checka av förlåtelse på listan, låt nyfikenheten på förlåtelse få genomsyra ditt inre arbete så kommer din individuella innebörd av ordet visa sig.

Att öva på förlåtelse är värdefullt i det lilla såväl som i det stora. Övar du på att ge dig själv emotionell frihet i det lilla, så blir det enklare om du behöver möta det i större livsomvälvande situationer.

Personligen fick jag kämpa en del med förlåtelse i förhållande till prestationsångest när jag började göra budget månadsvis. Mitt problem var att jag aldrig kände mig bra nog, och ångesten gav mig stora svårigheter att följa min ekonomiska planering.

BUDGET, ETT VERKTYG PÅ ETT DJUPARE PLAN

Om ordet budget ger dig ångest eller känns väldigt tråkigt kan du kalla det något annat, min kollega och vän Ellen säger ekonomisk planering istället för budget. Jag tycker det är ett emotionellt neutralt och tydligt begrepp, hur vill du planera din ekonomi?

Jag tycker om att dela upp budgeten i två delar. Steg ett kallar jag för kartläggning, steg två kallar jag för vision.

Kartläggning

Syftet med kartläggningen av din ekonomi är helt enkelt att sortera dina inkomster och utgifter. "Ska man ha med alla utgifter?" är en vanlig fråga, varpå jag säger ja. Det är bara då som du faktiskt får en ärlig bild av dina ekonomiska vanor. Jag erbjuder inte en mall i denna handbok eftersom denna handbok fokuserar på det emotionella. Men kort sagt, du skriver ut dina inkomster en månad tillsammans med alla utgifter. Noterar om du har pengar kvar eller om allt har gått åt. Se över dina utgifter och reflektera över vad du vill ha kvar och vad du vill ändra.

Från ett emotionellt perspektiv kan upprättandet av en budget vara väldigt utmanande och bara att lära känna dina siffror och beteenden blir en läkande process i sig. Ett kreditkort påminner om ett beslut du antingen gillar eller ångrar. En nota från en utekväll kanske ger dåligt samvete för att du inte "borde ha spenderat så mycket". Din budget kan visa hur lite du sparar och det kan göra att känner dig oansvarig och dålig. Kartläggningen kan helt enkelt väcka många olika känslor och det är helt okej. Det är en del av processen. Öva på att känna känslorna utan att döma dig själv med hårda ord som förstärker känslorna. Längre fram i handboken ger jag exempel på hur du kan hantera känslorna.

När du har tagit dig igenom processen av att kartlägga din ekonomi, då ser du svart på vitt vad du har prioriterat månad för månad. Är det hälsa, nöje, framtidsmål, eller är det snacks, hämtmat och dyra prylar? Kanske en mix av båda.

Hur skulle du vilja prioritera? Undvik att fastna i föreställningar om vad du tänker att en "duktig vuxen" borde göra. Öva istället på att utgå ifrån dig själv, dina drömmar och dina värderingar när du reflekterar kring dina prioriteringar. Det är ditt liv och det är dina pengar.

VISIONS-BUDGET

Efter att du har gjort din kartläggning är min rekommendation att du gör en ny budget. Denna gång ska du göra den med en tankelek om att du är i framtiden. Visions-budgeten ska representera ett liv som du vill leva. Vad behöver då vara annorlunda i hur pengarna fördelas? Detta ska inte vara en gissningslek med hittepå-siffror, utan det handlar om att faktiskt ta reda på vad saker och ting kostar.

Om du har ett mål gällande din hälsa så behöver ekonomin i denna budget visa att du prioriterar hälsan. Kostnader om snacks och godis behöver minska medan det finns en ny post för exempelvis din PT. Vill du leva ett socialare liv än vad du gör idag kanske din visions-budget behöver ha poster för middagar för vänner och familj, eller flera weekendresor. Var du som jag, en hästtjej i barndomen och saknar tiden i stallet? Då behöver din visions-budget på ett eller annat sätt skapa utrymme för hästen, gården eller ridlektionerna.

Poängen med en visions-budget är inte att fastna i en "duktig vuxen" mall och göra en sport av att dra ner på kostnaderna (om det inte är den sporten som du genuint vill delta i). Poängen med denna budget är att ta reda på vad ditt liv faktiskt skulle kosta, om du levde som du vill göra. Du behöver inte designa om hela livet, eller veta vad du vill på alla plan. Det räcker med att du har en dröm, en längtan, en önskan. Vad kostar det?

När du har denna del av budgeten klar så kan du jämföra kartläggningen med visionen. Vad kan du fördela annorlunda för att kunna verkställa drömmen? Eller vad behöver du göra för att öppna nya möjligheter för dig själv. Betala av ett lån, byta jobb för att öka marginalerna, eller något annat?

Prata med andra människor som vågar tänka utanför boxen och utforska möjligheter. Den enda som kan stänga dörren för dig själv är du.

Vad vill du egentligen och vad är viktigast för dig?

VISION OCH BEHOV

Inspirerad av Maslows behovstrappa och de fem mänskliga behoven lade självhjälps-profilen Tony Robbins till ett sjätte behov. Det finns mängder med information om dessa kategorier på internet, så tillåt dig att fördjupa dig i behoven om din nyfikenhet ber om mer. Av mig får du kortfattade sammanfattningar för att kunna greppa idén kring behoven och identifiera dina egna prioriteringar. Som människa kan du ha flera behov samtidigt och dina behov kan variera över tid. Frågor du kan ställa dig är "Vilka behov har motiverat mig tidigare i livet?" och "Vilka behov känns viktigast för mig nu?"

Personligen var trygghet det absolut viktigaste för mig när jag blev ensamstående mamma till två barn. Som jag berättade tidigare hade jag levt för dagen och inte tänkt framåt. Men nu behövde jag öka tryggheten för mig själv och för mina barn. Jag ville bli tryggare (och stabilare) ekonomiskt, mentalt och fysiskt. Det var mina absolut viktigaste prioriteringar vilket motiverade mig att se mina tankar och förändra mina mönster.

När tryggheten var etablerad behövde jag variation och utveckling vilket banade väg för kreativa digitala inkomster och försäljning. Medan jag nu drivs av bekräftelse och gemenskap vilket motiverar mig att ta platsen både hos TV4 och på föreläsningsscener där jag får möta fysisk publik. Det är sammanhang där jag får möta människor i en gemenskap som jag inte upplever digitalt, och jag får känna att jag får bekräftelse på att jag bidrar med bra saker i världen. I min längtan efter gemenskap har jag också visionen om att flera personer ska öka sin ekonomiska emotionella intelligens och därmed må bättre i sin ekonomi. Jag vill att vi ska må bättre tillsammans. Det innebär att jag också drivs av det sjätte behovet, nämligen det om att få bidra.

Tillåt dig att förändras över tid och skapa en visions-budget som stöttar dina specifika behov just nu. Nedan kommer en presentation av de sex olika behoven, som då Maslow och Tony menar att alla människor navigerar mellan.

Trygghet

Vad skapar ekonomisk trygghet? En vetskap om vart du ska sova om nätterna och att det finns mat på bordet är grund för ekonomisk trygghet. Vad man har sett inom skuldrådgivningen är att det är mycket svårare att få ordning på ekonomin om man saknar bostad. Trygghet kan också vara kopplat till en trygg anställning, fasta rutiner och bra villkor. En buffert är också ett klassiskt exempel på vad många behöver för att känna sig ekonomiskt trygga. Tryggheten sitter i din upplevelse av situationen och i din förhållning till världen.

Kom ihåg att världen alltid förändras, öva på att hitta trygghet i dig själv så att du kan lita på att du löser situationer om livet kastar omkull den trygga strukturen du har skapat. Ett flexibelt sinne stärker tryggheten till dig själv.

Kärlek och gemenskap

Är ditt primära behov kärlek och nära relationer kanske du är en person som säger saker som “pengar är inte viktigt för mig, så länge jag får vara med mina närmaste”.

I kapitlet “Varför är pengar så svårt?” pratade jag om vanliga associationer som människor har kopplat till pengar, sådant som är allt annat än kärleksfullt. Om pengar känns som något fult, förknippat med destruktiv egoism och manipulativt habegär, medan ditt primära behov är kärlek, då kan de negativa associationerna skapa problem i ekonomin. Men vad förändras för dig om du kunde se pengar ur ett kärleksfullt perspektiv? På vilket sätt kan din ekonomi stötta ditt behov av kärlek och gemenskap, och på vilket sätt kan ditt behov av kärlek och gemenskap stötta din ekonomi?

Bekräftelse

Väldigt många människor vill göra bra saker i världen och få bekräftelsen om att det är bra. Denna drivkraft blir destruktiv när jakten på bekräftelse inte vet några gränser och det inte spelar någon roll vilka steg man tar för att få belöningen, titeln eller erkännandet. Från ett ekonomiskt perspektiv blir detta behov problematiskt när bekräftelsen kommer genom att köpa dyra prylar eller kläder man egentligen inte har råd med.

Föreställer du dig att ditt värde och erkännande från omgivningen ligger i materiella saker som skuldsätter dig eller tvingar dig att gå hungrig är du ute på hal is. Denna bekräftelse är kortsiktig och endast ett hål som du gräver djupare för varje köp du gör. Men även om konsumtionen inte skapar problem för din ekonomi skapar den inte långvarig bekräftelse. Du ger dig själv dopaminkickar genom dina köp och behöver fortsätta konsumera för att mata det behovet. Kom ihåg att du är en del av en helhet och att det finns många problem med att överkonsumera. Vem skulle du vara om du skapade din bekräftelse på andra vis?

Jag förutsätter att du som läser denna bok är en person som har en längtan efter att göra bra avtryck i världen. Då kan du använda den längtan som motivator för att skapa en sundare ekonomi. Om bekräftelse genom materiella saker är en kortsiktig jakt så vad är då den långsiktiga?

Jo, genom att bidra till omvärlden. Skapa nytta för någon annan. Det finns alltid någon som behöver dig och din kompetens. Detta kan du göra genom en kreativ affärsidé eller genom att arbeta ideellt för välgörenhet. Bekräftelse kan också komma genom en resa i karriären där du når en viss position eller en milstolpe i lönesättningen.

Den pakistanska kundaliniyoga gurun Yogi Bhajan sa *"Whenever you are feeling helpless, go and help someone else"*, det är en mening som jag har burit nära hjärtat i många år.

Variation

Detta behov är på många sätt en motsats till tryggheten. Här söker du stimulansen som kommer av äventyret, att få släppa rutinerna och utforska det oskrivna bladet. Då kan det passa att arbeta med projektledning, eller delta i en kreativ process som har ett slutdatum. Eller varför inte ägna en period till att spara pengar för ett resekonto, och därefter backpacka i länder som lockar dig. En av mina coacher och vänner Jonathan Ljungqvist cyklade från Jönköping till Tanzania just för att tryggheten inte lockade. Han behövde variation, men också utvecklingen som kom med det.

Givetvis kan osäkra förhållanden stundvis komma med stress och rädsla. Men även de är känslor som går att hantera. Det gäller att lära känna sig själv och inte låta rädslor stå i vägen för behov man bär på innerst inne.

Utveckling

Detta behov kan motivera ett tydligt sparmål, men kan mycket väl stimuleras i ett sammanhang där du utsätts för variation eller strävar efter bekräftelse. Allt som tar dig in i nya sammanhang och utmaningar kräver utveckling. Hur kan din ekonomi motivera din utveckling? Kan din längtan efter utveckling stärka din ekonomi genom exempelvis en side-business, en ny position eller en helt ny karriär?

Att bidra

Tony Robbins tillägg till de mänskliga behoven är "Contribution". Längtan om att få ge till något större än oss själva. Detta behov kan tillgodoses genom att du tar hand om dina eller andras barn, vårdar äldre i din närhet eller gör bra saker för djuren och naturen.

Med din ekonomi kan du bidra till välgörenhet, eller genom din kreativa förmåga kan du skapa events vars donation går till välgörenhet. Det är bara du som sätter dina gränser eller förminskar dina möjligheter. Alla kan bidra på något sätt för någon.

Vilka behov känner du dig dragen att utforska och prioritera? Det är fantastiskt när människor övar på att lyssna på sig själva och respektera den vägledning som kommer genom kroppen och känslorna. Du får välja ett liv som matchar dina primära behov.

När du reflekterar över dina behov och ser hur de har förändrats över tid så är det en bra påminnelse om hur olika vi människor är. Olikheterna gäller såklart även mellan dina barn och mellan dina barn och dig, om du är förälder. Hur kan du, med ett grundläggande behov, möta dina barn i samtal om pengar, som kanske har andra behov och intressen?

HUR PRATAR JAG OM PENGAR MED MINA BARN?

Min övertygelse är att desto bättre du mår i förhållande till era begränsningar och möjligheter desto bättre dialog kan du ha med dina barn om pengar. Alltså, om du ska prata om hushållsbudgeten med barnen samtidigt som du har ångest eller dåligt samvete kommer barnen snappa upp dina känslor mer än dina ord. Konsekvenserna av det kan såklart variera, men två potentiella effekter jag ser är hur barnen antingen låter sig smittas av känslorna och mår lika dåligt över ekonomin, eller att de känner känslorna och därmed tar ansvaret för de vuxna.

När människor i väst reser till länder som inte har samma materiella standard kommer de ofta hem och säger "Jag har aldrig mött så glada människor, hur kan de vara glada trots att de inte har något?"

Skillnaden mellan de olika sätten att leva är inte huruvida man har mycket saker eller inte, det är huruvida man är nöjd med det man har eller inte. Om du här i väst lever ett liv där du konstant jämför dig med dem som har mer och gör dig själv till mindre värd på grund av det så kommer du att må sämre. Om du istället lär dig att se värdet i det du har, uppskatta det och acceptera det svängrum du har med dina resurser så kommer du att må bättre.

Mitt varmaste tips till dig som förälder är därmed att prata med barnen från en plats av uppskattning över det ni har. Öva på att känna en genuin acceptans för livet ni lever, där du kommer ihåg att er tid tillsammans är det viktigaste ni har. Oavsett om det är mycket eller lite tid per dygn eller vecka. Låt inte hjärnan lura dig in i det som är mätbart "och bara när det är tillräckligt bra" är det värt att njutas av. Du kan inte fejka uppskattningen, men du kan öva på den. Det är en övning i att välja perspektiv. Men det är väldigt svårt att välja perspektiv när du bär på obearbetade känslor och lever i konstant stress.

"Hur pratar man om pengar med barn?" Du som förälder har det yttersta ansvaret för dina barn, och du får därmed vägleda dem genom livet utifrån dina värderingar. Utöver det får du testa dig fram och se vad som fungerar för just er. Det finns ingen one size fits all. Du kan fråga dig själv, vad hade du önskat att du hade med dig som ung vuxen som du inte fick som barn. Eller, vad fick du med dig från dina föräldrar som du vill att dina barn också ska få?

Ingen av mina föräldrar gav mig någon typ av ram när det kom till långsiktigt tänkande med pengar. Min mamma uppmuntrade mig att gå min egen väg och att njuta av pengarna medan min pappa uppmuntrade mig till akademiska studier, medan jag såg honom ta risker och satsa på sina företag. Båda mina föräldrar har gjort fantastiska resor i livet och jag har fått se dem utvecklas på olika sätt. Med detta med mig som förälder, vill jag ge mina barn det fina som jag fick med mig, och det jag själv känner att jag saknade.

Jag vill att mina barn ska ta för sig av livet, gå sina egna vägar och njuta av sina pengar. Samtidigt som jag vill att de ska ha ett gott självförtroende inför sina vanor, sin målsättning och sin förmåga att fullfölja sina mål. Precis som jag har sett mina föräldrar utvecklas vill jag att mina barn ska se mig utvecklas. Jag vill aldrig att de ska känna att de är för gamla, eller att något är för sent. Livet kan levas så länge man är vid liv. Min goda vilja är dock som allt annat mänskligt, nämligen högst begränsad. Det jag berättar nu om hur jag gör är inget facit, utan vi får se hur mina barn recenserar mitt ekonomiska föräldraskap när de är vuxna och tänker tillbaka. Men hur har jag gjort hittills?

Jag började involvera dem i ekonomin under en period där vi hade ganska tighta marginaler. Jag kände att de ställde väldigt många "kan jag få" frågor vilket började bli jobbigt att hantera. Eftersom jag visste hur negativt det hade präglat mig som barn att mötas av min mammas dåliga samvete och "vi har inte råd" ville jag hitta ett annat sätt att bemöta mina barn på. Men hur?

Till slut bjöd jag in min äldsta son till lek, han var åtta år. Leken gick ut på att han fick gissa våra inkomster och utgifter. Eftersom han hade matte i skolan (som alla barn har) fick han själv räkna ut våra marginaler. Det var viktigt för mig att inte skambelägga honom för att han ville ha mera, utan snarare inkludera honom i frågan "Hur tänker vi smart kring ekonomin?".

Jag vet att det finns människor som är rädda för att ge barn ansvar och tycker att vi inte ska beröva dem på sin barndom. Jag ser inte att en ärlig förståelse för ekonomin behöver beröva någon barndom, allt handlar om hur jag som vuxen förebild förhåller mig till situationen. Med en större förståelse för skatter, bensinpriser, reparation av bil, mat och allt annat som vi behövde förhålla oss till upplevde jag att min son kände sig lättad. I stället för att inte förstå varför han inte kunde få allt han ville ha, förstod han. Han behövde inte känna sig begränsad av en tråkig vuxen, utan han kunde själv skapa kontext till situationen. Vi fortsatte leken med att prata om drömresor, drömbilar och drömhus. Jag ville inte på något vis att han skulle sluta se möjligheterna som finns i världen.

Idag har mina barn sina egna sparkonton som de själva har koll på. Det började med att de fick femtio kronor i månaden och efter en period blev det hundra kronor i månaden. När de får pengar i present av vänner och familj vid jul och födelsedag brukar de lägga hälften av pengarna på sina sparkonton. Dessa pengar får de tillgång till när de blir arton. Det handlar inte om att det behöver vara mycket pengar på detta konto, det handlar om att de redan nu gör det till en självklarhet att spara, och för att de ska få den långsiktiga förståelsen i vad som kan ske med ett sparkonto över tid. Parallellt med detta får de månadspeng vars syfte är att användas. Ibland sparar de månadspengen för att göra ett dyrare köp, och ibland går pengarna till snacks och fika på stan med vänner.

Vad de inte vet om är att jag också sparar till dem på en annan plats. De pengarna styr jag över och jag kommer välja när de får pengarna. Kanske kommer de pengarna att hjälpa till med finansieringen av framtida körkort eller något annat större längre fram. Eftersom jag faktiskt inte har någon aning om deras mognadsnivå eller impulskontroll som artonåringar känns det skönt att jag som förälder kan välja själv när de ska få tillgång till ett större belopp. När jag resonerar kring detta tänker jag på lotterivinnare som helt plötsligt får en större summa pengar men snart är tillbaka på noll igen. Ett vanligt fenomen eftersom de inte har lärt sig att förvalta sådana stora belopp. Jag vill inte överraska barnen med en summa pengar de inte är redo att hantera.

Måste man spara till sina barn för att vara en bra förälder? Absolut inte, jag vet hur det är att leva på tighta marginaler och jag har träffat många som har det mycket tuffare än vad jag någonsin har haft det. Din kärlek, din närvaro och ditt stöd till dina barn är det viktigaste du har. Det kan du alltid ge, oavsett om barnen är små eller redan blivit vuxna. Kan du inte spara till barnen värderar det inte ditt för-

äldraskap, men om du kan släppa på dåligt samvete och låta glädjen till gemenskapen ta mera plats kommer ni alla må bättre av det.

Men om du känner att du har ekonomiska marginaler att förändra vanorna med och VILL börja spara, hur ska du då tänka för att komma i gång?

Glöm det där med att spara pengarna som "blir över" i slutet på månaden. Om du inte redan har koll på ditt sparande är strategin "att spara det du inte spenderat", inte en lyckad strategi. Du kommer nämligen spendera alla pengarna innan månaden är slut om det är så du levt tidigare. Spara inte heller dina pengar på en plats utan något särskilt syfte, det kan nämligen göra det lite svårare för dig att avgöra "när det är okej" att röra sparandet och inte.

Lösningen ligger helt enkelt i att sätta upp ett gäng sparkonton för olika ändamål. Personligen tyckte jag att det var enklast att få i gång sparande till barnen eftersom det var lättare för mig att anstränga mig för deras skull än för min. Jag kunde inte se min framtid vilket gjorde det svårt att anstränga mig ekonomiskt. När jag väl hade kommit upp till belopp som gjorde mig stolt för barnens sparande kände jag "Nu jävlar" till mina egna sparkonton. Kan jag spara till dem så kan jag även spara till mig själv, eller till större mål för hela familjen.

Jag hoppas att jag har varit tydlig med att du behöver utgå från dina behov i din ekonomi nu när jag ger förslag på kategorier för sparandet. Bland de vanligaste frågorna jag får i radio och tv är "Hur mycket är rimligt att lägga på xxx?". Man vill ha konkreta siffror som något att utgå ifrån, vilket jag tycker är helt orimligt eftersom människor har olika behov, och även olika förutsättningar.

Med det sagt, har du inget sparande idag för att ekonomin är tight och du lever med väldigt lite pengar är ett sparkonto bättre än inget sparkonto. Kan du hitta utrymme för att ha två sparkonton är det toppenbra. Har du mera pengar att röra dig med, toppen. Inspireras av kategorierna, utgå från din situation och välj utifrån vad som känns bäst för dig.

Buffert

Detta är ett klassiskt sparkonto som fungerar som en trygghet, din egen räntefria bank att låna ifrån när det krisar. Du sätter dina egna regler för när du får använda pengarna och hur mycket, tillsammans med en plan på när du ska ha betalat tillbaka dig själv. Hur mycket pengar ska man ha i sin buffert? Du väljer såklart själv, men ett klassiskt tips är mellan tre till sex månadslöner. Har du aldrig sparat pengar tidigare, eller av annan anledning börjar på noll idag med knappa marginaler kan det såklart ta väldigt lång tid att komma dit. Det är okej, planen är ju inte att du ska använda dessa pengar på länge.

Långsiktigt mål

Det skulle kunna handla om en längre resa eller kanske en renovering som du förstår att ditt hus kommer behöva om femton år. Hur lång tid räknas som långsiktigt? Ja, det avgör du.

Kortsiktigt mål

Vill du köpa en ny bil eller göra en resa närmare i tiden? Döp sparkontot till "Italien" eller "Bilen", så att du hela tiden påminner dig själv om målet. Det gör sparandet mycket roligare.

Sommarlovskassa

Vore det skönt att från och med slutet av augusti varje år lägga undan lite pengar varje månad så att du kan köpa flera glassar, gå på tivoli eller annat kul till barnen under sommaren. Ja, då är detta sparkonto perfekt för dig.

Barnsparande

Är du förälder kan du öppna sparkonton för barnen som du kontrollerar, och du kan starta sparkonton som de får tillgång till så fort de blir arton år. Precis som att många lotterivinnare inte vet hur de ska hantera en stor mängd pengar som de aldrig haft förut, är det inte säkert att din artonåring har sunda vanor kring sin ekonomi. Låt dem gärna öva på att hantera pengar med mindre belopp under sin uppväxt.

Djuret

Har du ett eller flera djur kan de skada sig och behöva veterinärvård. Det är en tråkig kostnad och det är inte alltid försäkringen täcker allt. Ge dig själv andrum för framtiden och lägg undan lite pengar varje månad för att säkra eventuell veterinärkostnad. Visade det sig sedan att pengarna aldrig behövde användas kan du placera dem på valfritt konto när ditt djur vandrat vidare till Nangijala.

Investera

Givetvis är det en bra idé att spara pengar på en plats där det växer. Mitt medskick är, tro inte att andra vet bättre bara för att de pratar med mycket självförtroende i rösten. Fatta dina egna beslut och ta steg i din takt. Jaga inte snabba lösningar, för då är du en spelare, inte en investerare. Avsätt tid varje vecka eller månad där du lär dig mer om investering om det är något du är nyfiken på. Personligen tipsar jag om podden "Rika Tillsammans" och om Andra Farhads bok "Haja Börsen".

Misslyckande

Vad ska du göra om du använder dina sparade pengar till fel sak, eller spenderar så mycket att du måste låna från dig själv varje månad? Är det läge att ge upp och helt enkelt bestämma dig för att du inte är en sådan som har koll på ekonomin? Inte om du frågar mig. Att ändra sina vanor handlar om att lära känna sina svaga och starka sidor. När du har misslyckats med ett mål är det inte ett tecken på att ge upp. Det är snarare en möjlighet för dig att fundera över vad för förutsättningar du hade gett dig själv som ledde fram till misslyckandet.

Hoppade du över lunchen på jobbet och åkte för att storhandla mat vrålhungrig? Inte bra för din ekonomi eftersom du i ett sådant skick handlade mer än du behövde och köpte onödiga snacks att äta på vägen hem.

Kände du dig ensam och uttråkad någon kväll? Fastnade du i flödet av någon influencer med en massa fina kläder och kände att du minsann förtjänade lite nya plagg? Det är inte bra för plånboken att handla kläder eller andra prylar för att dämpa tomhet, ensamhet eller ångest. Ring i stället någon vän och prata av dig, skriv dagbok eller se en film som får dig att skratta. Det finns många lösningar som inte behöver kosta pengar.

Köpte du något extra till barnen för att du kände dig som en dålig förälder? Inte bra för varken deras framtida ekonomi eller din nutida ekonomi. Vänjer du dem vid en standard ni egentligen inte har råd med ger du dem svårare förutsättningar att förhålla sig till sina egna begränsade resurser som vuxna. Risken för att de handlar på kredit blir större och de lär sig att konsumera istället för att samtala och bearbeta känslor. Ta istället itu med ditt dåliga samvete. Antingen finns det konkreta förändringar du behöver göra, eller så behöver du söka hjälp för att bearbeta känslorna. Konsumtion är inte en bra lösning.

Att misslyckas och samtidigt reflektera över vad som ledde fram till det, gör att du kan identifiera dom svaga sidor som behöver tas om hand för att undvika misslyckanden i framtiden. Det är genom den processen som du kan skapa positiv förändring.

Extra jobb för att öka sparkontot

En sak som gjorde att det tog tid för mig att komma i gång med sparandet var ångesten över att jag kunde spara så lite. Men det kändes lättare att göra saker för att öka intäkterna och därmed avsätta pengar till sparkonton. Till en början valde jag att arbeta extra på mitt lokala gym som instruktör. Men ganska snart kliade kreativiteten i fingrarna och jag undrade vad mer jag kunde skapa som kunde generera extra inkomster.

Jag blev helt enkelt nyfiken på att skapa egna produkter att sälja. Det gjorde att en helt ny värld av både möjligheter och begränsande tankemönster öppnade sig. Vad innebär det egentligen att sälja, och varför kan det kännas så fult och fel?

KORT OM SÄLJ

Undersökningar visar att yngre generationer har en positivare bild av säljyrket än äldre generationer. De som ser sälj som något negativt ser det som en process för att tjata, övertala och manipulera för att få sin vilja igenom. Icke-empatiska, ego-drivna personer finns överallt och den negativa typen av försäljning existerar. De mest framgångsrika säljarna som jag har träffat arbetar inte på det sättet.

De mest framgångsrika säljarna har en produkt som de verkligen tror på, tycker om eller brinner för. De vet att produkten är värdefull för rätt typ av personer och använder sin lyhörda och inkännande förmåga för att identifiera sin bästa kund. När de hittat sin idealkund, alltså den person som har nytta av produkten, då skapar de en relation baserad på förtroende och kommunikation för att sälja till kunden när det är rätt. Kunden köper av fri vilja för att de inser att det kommer göra dem gott. Relationsbygge, kommunikation och värdeskapande är tre ord som sammanfattar den typen av försäljning.

Om pengar inte längre har en automatisk negativ association. Och om försäljning inte längre har en automatisk negativ association. Om det i stället handlar om att du får bära ansvaret av dina handlingar, bra som dåliga. Vad skulle du kunna skapa för liv, om du sålde något du visste skulle hjälpa många människor?

Vi backar bandet.

Tillbaka till skolbänken. Vad var det som egentligen hände innanför klassrummets väggar? Du fick öva på att sitta ner och lyssna. Ibland fick du en impuls att röra på dig, ibland kom en tanke du ville dela med dig av till kompisarna, ditt naturtillstånd var att få en idé som du automatiskt ville göra något med. Men strukturen skolan erbjöd gav dig inte stöttning i att utforska det driv som fanns inuti dig, utan man bad dig sitta stilla och fokusera din energi på att ta in och bearbeta information. Du blev belönad när du gjorde rätt och bestraffad när du gjorde fel.

Vad har det för negativa konsekvenser?

Du har lärt dig att det är bäst att ta den trygga vägen, att du bör lyssna på de som vet bättre och det är farligt att göra fel.

Du är inte din rädsla för att göra fel. Du är inte en person utan driv, utan kreativitet eller utan egen inre visdom. Om du inte ser de delarna hos dig handlar det bara om att du inte har fått ge dem utrymme. Insikten om detta kan komma med sorg, besvikelse och ilska. Det är något bra, det är känslor som motiverar till förändring. Precis som allt annat jag har försökt att förmedla genom denna bok kan de mönster som du upprepar genom skolans präglingar förändras genom medvetenhet och övning.

Hur skulle du vilja leva om du inte var rädd för vad andra skulle tycka och tänka, eller om du var rädd för att göra fel?

Vad tycker du om att göra som du skulle kunna tjäna pengar på, om pengar inte var något fult och om du blev kompis med sälj och lärde dig mer om företagande?

Du behöver inte kasta bort din utbildning eller din karriär. Men tänk om du kunde använda din kreativitet för att tjäna ihop några extra tusen inför sommarsemestern, när huset behöver renoveras eller när du vill unna dig något extra, i stället för att köpa på avbetalning eller använda dig av sparpengarna?

"Men vad ska jag göra", kanske du tänker nu, följt av "Jag har inga kunskaper som någon annan skulle vilja betala för..." "Jag är inte entreprenörstypen..."

I'M NOT ENOUGH

Från början var den här boken drygt tvåhundra sidor. Men projektet blev för stort för mig. Någonstans hade jag låst mig vid idén om att en bra bok är en tjock bok. Något som tar tid att läsa och som tar läsaren med på en resa. Min vision var att skapa en handbok som innehöll skönlitterära och självbiografiska element. Men att skapa en röd tråd och hålla ihop så många sidor blev helt omöjligt. Jag insåg att jag hade skapat ett kreativt kaos och att jag behövde hjälp. Inte nog med att jag behövde betala för en redaktör, jag skulle också behöva avsätta tid för att kunna ta emot hjälpen. Den tiden hade jag inte så drömmen om att publicera min bok fick pausas. Nästan ett helt år gick och jag tänkte att jag skulle skriva klart den, någon gång längre fram i tiden.

Sista helgen i mars 2024 slog det mig som en blixt från klar himmel. Det var ju en handbok jag skrev, varför krångla till det och göra projektet så stort? En bok på femtio-sextio sidor skulle jag kunna skriva klart på egen hand, den skulle vara billig att sälja och därmed lätt att köpa. Inte nog med det. Sannolikheten var större att fler personer skulle läsa klart femtio sidor, framför tvåhundra sidor.

Jag bestämde mig för att plocka ut det bästa ur det jag redan skapat med målet om att författa så kort och koncist som möjligt. Sagt och gjort, nu har du boken i din hand. Men vad var det som drev mig in i idén om att boken måste vara stor för att duga? Jo, min egna otillräcklighet. På engelskan finns det ett ordspråk som jag ofta tänker på "How you do anything is how you do everything". I jakt på perfektion blir inget klart eftersom det aldrig blir tillräckligt bra. Otillräckligheten driver perfektionism, en drivkraft som motiverar människor att jobba för hårt och för länge utan att ändra sina omständigheter. Exakt samma obalans kan förstöra relationer när personer anpassar sig för att leva upp till en annans behov eller ideal. Många förstör sin ekonomi genom att konsumera för att passa in i en norm. Andra förstör sin ekonomi då de vill framstå som generösa och bjussiga av rädsla för att vara snål, fast kassan är tom. Otillräckligheten lever bland oss människor som en osynlig folksjukdom, den visar sig i ensamheten, i jämförelsen och i längtan efter en bekräftelse som aldrig kommer.

Den här känslan kan mycket väl ha startat i barndomen, i jakten på föräldrarnas uppmärksamhet, uppskattning och kärlek. Otillräckligheten kan även ha startat på skolgården när du saknade vänner att leka med. Du kan säkert komma på flera potentiella startpunkter för denna typ av trauma, och känner du inte igen dig själv kan du säkert placera in någon från din bekantskap i denna beskrivning.

Jag träffat en stor andel personer i skuldrådgivningen som har sett sig själva som sämre värda för att de har haft skulder.

Otillräckligheten kan driva dig in i en väldigt ohållbar ekonomisk situation där du identifierar dig som mindre värd. Vad som till en början visade sig som en subtil känsla blev med tiden den upplevda verkligheten. Man kan ju fråga sig vad som var hönan och vad som var ägget? Blev ekonomin dålig på grund av otillräckligheten, eller känner man sig otillräcklig på grund av ekonomin? Det är såklart inte ett likhetstecken mellan pengar på konto och egenvärde. Allt kommer tillbaka till din egna upplevelse av ditt liv med känslor som går att projicera på ex, ekonomin, istället för att inse att lösningen ligger inom dig.

Pengar är känslosamt, men bara när du som känner känslorna inte har bearbetat dem. Ditt egenvärde behöver inte vara sammankopplat med din ekonomi eller en materiell standard. Upplever du en stark koppling mellan dem idag så har du en möjlighet att förändra de associationerna.

Du kan konsumera på ett sätt som dövar ensamheten, ångesten och otillräckligheten. Men du kan inte köpa lycka, glädje eller en känsla av att duga eller räcka till. Däremot kan du konsumera böcker, poddar, kurser, terapier och samtal som kan hjälpa dig längs vägen att hitta mer acceptans för platsen du är på nu i ditt liv.

Vad skulle hända om du fattade beslut från en plats i ditt liv där du kände dig tillräcklig? Där du inte behöver kompensera på grund av dåligt samvete eller för att leva upp till en standard eller ett ideal. Vad för typ av liv skulle du leva och skapa om du motiverades av en plats av tillräcklighet?

Otillräckligheten kan även begränsa idén om att skapa en egen tjänst eller produkt att sälja. Föreställningen om att du inte är tillräckligt bra, eller att konkurrensen är för hård eller att din kund inte kommer vilja lägga pengar på dig är en del av att du inte tror på dig själv tillräckligt mycket. All kunskap finns att hitta gratis på nätet, eller att köpa av någon som säljer den kompetensen. Alla möjligheter finns, men om du inte vågar tro på att du har vad som krävs, då kommer du aldrig att försöka.

Bara för att du inte har alla svaren färdiga idag betyder det inte att de inte finns. Oavsett på vilket sätt du vill förändra din ekonomi kommer det bli lättare om du tar emot hjälp från de som kan mer än dig.

ATT BE OM HJÄLP

Du har identifierat dina mönster, tankar och behov. Vad gör du sedan? Det är möjligt att du sitter med frågetecken kring din potentiella förändringsresa och känner dig rådvill. Den amerikanska författaren Robert T. Kiosaky skriver i sin kontroversiella bok "Rich Dad, Poor Dad" att ingen någonsin hade vänt sig till den rika pappan och frågat honom hur han hade gjort för att bli rik. På sin höjd blev han uppsökt av personer som ville låna pengar av honom. Att be om hjälp när man är i nöd är bra, men frågan är vilken hjälp man egentligen kan be om.

Poängen i boken var att det var normaliserat att be om lån oavsett om det var från bank, investerare eller privatpersoner. Men det fanns knappt i folks begreppsvärld att de kunde fråga hur man lär sig att skapa mera pengar.

Det är en intressant aspekt att ha med när du sitter och reflekterar över dina egna begränsningar och mål. Du vill ha förändring, men vad är det egentligen som är problemet, och vem kan hjälpa dig?

Om jag hade gjort något annorlunda i min personliga resa hade jag bett om avlastning från barnen oftare. Inte för att jag inte vill vara med mina barn, men om jag hade skapat utrymme för mera egen tid, avslappning och rekreation, hade jag kunnat frigöra mig från min reptilhjärna[2] och min stress mycket snabbare. Jag hade, med andra ord, kunnat vara en utvilad person mycket tidigare i livet som därmed hade kunnat fatta bättre beslut både kortsiktigt och långsiktigt vilket hade gynnat min ekonomi väldigt mycket.

[2] Egentligen finns det ingen del av hjärnan som heter reptilhjärna. Det är ett förenklat och något komiskt begrepp som sammanfattar de beteenden som bland annat aktiveras vid stress och rädsla.

Vishen Lakhiani, grundare av Mindvalley Academy säger ofta:

“Människan har en tendens att överskatta vad hon får gjort på ett år, men underskatta vad hon kan skapa på tre år.”

De flesta som vill förändra sin ekonomi vill ha snabba lösningar. Men både dina beteenden och resultatet av dina nya vanor kommer ändras över tid. Jaga inte snabba lösningar, men behåll siktet på visionen om ditt nya ekonomiska liv.

Ta hänsyn till din plats här och nu i livet. Respektera dina behov som du behöver tillgodose med en ärlig förståelse kring din önskan om positiv förändring. Bråka inte med verkligheten om hur allt hade varit annorlunda om du hade gjort si eller så i det förflutna. Börja där du är och ta ett steg från den platsen. Det är en utmärkt utgångspunkt att ständigt agera ifrån. Se dig omkring till människorna omkring dig, och öva på att be om hjälp.

Vem kan hjälpa dig att läka de sår som ditt inre barn bär?

Vem kan hjälpa dig med praktisk vägledning där du inte vet vad ditt nästa steg skulle kunna vara?

FRAMTIDEN

Personligen var det väldigt svårt för mig att förstå det här med framtiden. Långsiktigt tänkande. Jag levde för dagen och kände att jag alltid skulle klara mig och att allt alltid skulle lösa sig. Även om det ibland var lite rörigt, spontant, lösningsorienterat och oklart skulle det alltid lösa sig. Men jag förstod inte framtiden. Ett tydligt exempel på det är från 2012, där satt jag i soffan med mitt första barn i famnen. Han var bara några veckor gammal. På vardagsrumsbordet hade jag lagt några gåvor som jag hade fått av min omgivning, bebiskläder i storlek 62. En storlek som passar bebisar som är två eller tre månader gamla, min bebis var ju bara några veckor. Uppfostrad var jag ändå, jag log och tackade för presenterna, men i mitt stilla sinne tyckte jag att de var lite konstigt, att vi fick presenter som bebisen inte skulle kunna använda på FLERA MÅNADER.

I nästa andetag hade de månaderna både kommit och passerat.

Tolv år senare är jag mer bekant med att tiden går och att det finns ett värde att drömma stort och planera framåt. Det väcker något i människan, att ha något att sträva emot och utvecklas för. Människan har en tendens att överskatta vad hon kan få gjort på ett år, men underskatta vad som kan ske på tre år. Jaga inte snabba lösningar och lura inte dig själv in i fällan att din lycka eller harmoni väntar på dig i framtiden.

Känslan du längtar efter blir som mest stabil när den kommer genom dig, och inte genom yttre tillfällig stimuli. Känslan du längtar efter finns här och nu i varje nytt nu. Det betyder inte att du behöver (eller bör) vara på gott humör hela tiden. Snarare tvärtom, vill du öka ditt välmående behöver du få sätta ord på det som tynger dig och låta känslorna leva genom dig.

Emotion, energy in motion.

Skapa rörelse så att du inte fastnar, det gäller både i känslorna och i livet.

KÄNSLORNA

Boken du håller i dina händer handlar om att lämna en normaliserad stress där reptilhjärnan fattar beslut kring din ekonomi, och i stället kliva in i en ekonomiskt emotionell intelligent plats. Du blir ekonomiskt emotionellt intelligent genom att reflektera över dig själv, din bakgrund och dina nutida beteenden och tankar. Medvetenhet är första steget till förändring. Men det räcker inte med att du reflekterar kring din situation. Du behöver också ge dig själv utrymme att känna känslorna med en intention om att de ska få lämna ditt system av automation och repetition. Att känna känslor som påminner om ens uppväxt eller dåliga ekonomiska beslut i vuxenlivet är tufft till en början men frigörande med tiden.

Hur kan du möta dina känslor på ett sätt som frigör dig, istället för att riskera att fastna i ältande och ökad destruktivitet?

En bra start på att hitta den emotionella intelligensen är att **öva på att fokusera på känslan, inte historien** som triggar känslan.

Förälder med dåligt samvete

Om du är en förälder med dåligt samvete över din ekonomi kommer det dåliga samvetet öka desto mer du tänker på alla anledningar kring ditt dåliga samvete.
"Stackars barnen som inte får allt de vill ha"
"Om jag bara hade gjort något annorlunda"
"De kommer tycka att jag är så dålig"
"Om mina grannar, min familj eller kollegor skulle veta hur vi hade det ekonomiskt skulle de säga att jag var oansvarig".
Alla olika formuleringar, tankar och ordval om varför du känner dåligt samvete stärker det dåliga samvetet.

Men om du istället kan stanna upp och rikta ditt fokus till den emotionella upplevelsen i den fysiska kroppen så händer något annat. Det du vill vara observant på är

1. Vart i kroppen känns känslorna?
2. Vad är det för typ av känsla du känner?
3. Hur känns känslan?

Svaret på de frågorna skulle kunna vara "Jag har en klump i magen, i magen känner jag så mycket sorg, det gör verkligen ont". Upprepa den observationen flera gånger tillsammans med djupa andetag. Det hjälper att sätta ord på upplevelsen. Till en början kan det göra att känslorna känns starkare, men efter en stund kommer de att avta. Följer du kroppens impulser kan du ge utlopp för ilska genom att slå på kuddar eller skrika, följer du kroppens impulser kan du gråta och behöva krama någon. Följer du kroppens impulser kanske du vill sätta på musik och röra dig genom dina känslor. Det är en övning och balansgång i både mod och närvaro att ge sig själv utrymme att känna, utan att drunkna i det egna.

Förr eller senare behöver du sätta en gräns för detta arbete och rikta ditt fokus mot annat. Lika mycket fokus som du gav de jobbiga känslorna i kroppen, behöver du sedan rikta till något som är neutralt eller fint.

Ett neutralt fokus kan vara det som är omkring dig. Vita väggar, färgen på golvet, en växt eller dekoration. Säg högt vad det är du ser och notera hur det känns i kroppen att observera något neutralt.

Alternativt se dig omkring efter saker du uppskattar och sätt ord på det. En tavla, ett djur eller någon människa. En fin möbel, en växt som du älskar eller den goda måltiden du snart ska äta. Sätt ord på din uppskattning, både vad det är du ser, hur det känns att titta på den och lägg märke till hur det känns i din kropp att vara i uppskattning.

Genom att medvetet öva på att rikta ditt fokus på dessa olika upplevelser ger du dig själv en möjlighet att frigöra dig från känslor som har fastnat i din kropp. Du kan se den obearbetade känslan som en muskelknut. Det gör ont när man kommer åt den, men trycker du lite hårdare kommer den att släppa efter en stund.

Behöver du mer support för att bearbeta dina känslor kan du utforska alltifrån frigörande dans, andningsövningar, till terapi, yoga och meditation. Underskatta inte promenader i naturen med en sund variation av att röra intensivt på kroppen (puls och svett) varvat med att vila utan intryck. Har du andra medicinska behov som ska ta i beaktandes gör du såklart det. Allt handlar om att du behöver utgå från dig och hitta din väg.

Det kan finnas många anledningar till att det rör sig många jobbiga känslor i en kropp. Med nyfikenhet och envishet kan du hitta din väg till ett bättre mående till livet i allmänhet, men också till i din emotionella relation till ekonomin.

Min önskan är att den här boken ska bidra till ökad självkännedom genom att du börjar reflektera kring dig själv utifrån varje kapitels tema.

Jag vill att du dels ska bli medveten om vilka tankar, ord och känslor som är som mest närvarande i din vardag i förhållande till din ekonomi. Men jag vill också att du funderar över varför du har målen som du har, eller varför du inte har mål?

Vad är dina faktiska behov, och lyssnar du på dem?

De flesta jag träffar vill ha mera pengar, men i samma mening säger de också nästan ursäktande att de inte behöver bli rika.

Varför är det en sådan vanlig kommentar?

RÄDSLAN FÖR ATT BLI RIK

Definitionen av ordet rik är helt enkelt "någon som har många ekonomiska tillgångar". Rädslan för att bli rik är något som du kan ha medvetet såväl som undermedvetet. Men varför skulle någon vara rädd för att vara rik? Det ska vi undersöka närmare för att se om du bär på en rädsla för att bli rik.

Idén om "mycket" är högst subjektivt och människan tenderar att jämföra sina egna tillgångar med grannen, kollegan eller kändisen som har mycket mer.

Jag minns hur jag befann mig bland ett gäng kvinnor i ett sammanhang med hästar i sydvästra Sverige för att delta i en kurs inom bland annat empati och förlåtelse för ett gäng år sen. Majoriteten av kvinnorna hade hästar och många hade egna gårdar. För en sådan som mig, ensamstående mamma, stockholmare i en hyresrätt var livet på landet nära djur utan tvekan en definition av rikedom. Kvinnorna jag satt bland såg det inte så. De fnös åt materialism och begäret efter mera pengar. Jag sa inget eftersom pengar, rikedom och brist är ett känsligt ämne. Men jag var förvånad över att de inte såg rikedomen de hade och jag var förvånad över hur de talade om pengar.

Om jag skulle ha en chans att leva ett liv som de levde, då skulle det kräva mer pengar än vad jag hade. Framförallt om jag samtidigt skulle bo kvar nära min familj och mina vänner i Stockholm där allt var dyrare. Var det då fult av mig att vilja sträva efter mer pengar för att kunna leva ett naturnära liv? Såklart inte, men kvinnorna som jag mötte där definierade sig inte som rika, och det behöver de såklart inte göra. Rikedom är ett subjektivt begrepp. Tendenserna många personer har, är att inte se sig själv som rik,

utifrån en jämförelse med någon som har det bättre.
Som barn läste jag ofta sagor om Bamse – världens starkaste och snällaste björn. Han är den goda karaktären i sin saga som löser de problem som uppstår tillsammans med sina vänner. De som ställer till problemen i sagorna är bland annat piraterna som jagar guldskatterna, och den rika men otroligt snåla affärskaraktären Krösus Sork. Det underliggande temat genom sagorna är hellre fattig, snäll och glad med sina vänner, än rik, ensam och snål.

Associationerna kopplat till rikedom och pengar är ofta negativa. Både på grund av kulturen samhället, men också på grund av maktmissbruk och girighet som finns här och nu. Men du behöver inte sluta vara en god människa bara för att du bjuder in mera ekonomiska tillgångar i ditt liv. Rädslan för att bli rik kan handla om din rädsla för att bli bedömd som en dålig person. Om omgivningen har för vana att prata illa om ”de rika” så vill du såklart inte vara en sådan som omgivningen pratar illa om.

En annan rädsla för att bli rik kan handla om en rädsla för att ansvara för mycket resurser, en rädsla för hårt arbete på bekostnad av hälsan, eller att arbetet ska konsumera all tid. Du kan också bära på en rädsla för att bli rik för att du bär på en rädsla för att förlora allt men skapar du inte mera tillgångar så har du inte så mycket att förlora, och därför behöver rädslan inte bli medveten.

Rädslor kring rikedom är sällan något som man aktivt tänker på eller pratar om, men trots det kan denna typ av mönster begränsa dig på ett undermedvetet plan. Rädslan skulle bli synlig om du tog aktiva val för att skapa mer rikedom.

Det är i nyfikenheten på potentialen, möjligheterna, andra sätt att leva på, som omedvetna rädslor får en chans att visa sig. Ett sätt att nyfiket utforska dina begränsande tankemönster är genom en skrivövning.

ÖVNING

Del 1

Använd papper och penna. Sätt på avslappnad musik eller sitt i tystnad. Inspireras av meningarna jag delar och **skriv fritt utifrån orden jag ger dig.** Övertänk inte ditt skrivande utan låt det spontana vara ett sätt för dig att ge utrymme till ditt undermedvetna.

”En rik person är….”
”Om jag vore rik skulle jag…..”
”Min största rädsla med att bli rik är att…”
”Den största fällan med rikedom är…”

Om du inte känner dig bekväm med att skriva så kan du helt enkelt reflektera kring meningarna tyst för dig själv eller tillsammans med en vän. Genom att ge det utrymme kommer du upptäcka de föreställningar som du bär på.

Del 2

Läs igenom din text eller sammanfatta reflektionerna. Lägg märke till hur det känns att ha de associationerna som har visat sig. Fråga dig själv,

”Hur känns min rädsla för rikedom?

”Vart i kroppen känner jag denna känsla?”
”Vad behöver jag ge mig själv för att denna känsla ska få det den behöver?”

Ibland behöver känslan kännas starkare genom att uttrycka sig i gråt eller skrik. I andra fall hjälper det att röra på kroppen, exempelvis springa eller dansa. När känslan har fått sitt utrymme kommer den mjukna. Finns det djupa trauman kopplat till din känsloreaktion så är det klokt att be om hjälp med traumabearbetning.

Del 3

Skriv ner alla positiva saker som mer rikedom skulle ge dig. Hur skulle du kunna förbättra ditt liv, eller andras liv genom en rikedom kring din egen definition? Lägg märke till vilka känslor det väcker. Det kan både kännas inspirerande och härligt såväl som jobbigt och sorgligt att det inte är så. Tänk om det aldrig blir så?

Väcker övningen en jobbig känsla så möter du den, i kroppen. Fastna inte i alla resonemang och historier som validerar din känsla. Fokusera istället på att känna känslan med intentionen om att den ska få mjukna, med intentionen om att du ska bli bekväm i att möta dig själv och hålla dig själv genom dina emotioner. Det är det här som är att vara **ekonomiskt emotionellt intelligent.** Det handlar om att våga se vilka tankemönster som styr din ekonomi. För att därefter identifiera de känslor som är kopplade till de tankarna. När du har andra känslor som dominerar din upplevelse så har du andra tankar som kommer att dominera. Du kan såklart också, öva på stärkande formuleringar som i sin tur väcker positiva känslor.

Del 4

Skapa några stärkande meningar kopplat till dig, din ekonomi, och om du så väl din rikedom. Placera de här meningarna på olika platser där du kan se dem i din vardag. Det kan vara en lapp som hänger på kylskåpet, som finns i din plånbok, som är på en spegel i din bil, eller på bakgrunden på din dator. Eller varför inte använda dig av min personliga favorit, skriv din mening med ett rött läppstift på din badrumsspegel.

Innan du formulerar dina meningar så är det bra att du funderar över vilka känslor du vill känna inför din ekonomi. Vill du öka en känsla av acceptans, trygghet, glädje eller kärlek? Se till att din formulering hjälper till att skapa den känslan genom att exempelvis inkludera ordet av det du vill känna. Exempelvis,

”Jag är trygg i min ekonomi eftersom jag har allt jag behöver och jag vet att allt löser sig.”

”Jag är tacksam över allt jag har, jag känner mig rik, fri och levande”

Vissa dagar kommer meningarna inte kännas bra. Då är det läge att öva på den ekonomiska emotionella intelligensen genom att upprepa övningen om att checka in i kroppen och ge känslan utrymme. Andra dagar kommer meningarna kännas härliga och då njuter du av det.

Avsätter du tiden för att öva på detta i förhållande till meningar som du skapar så blir det enklare för dig att fånga upp dig själv när du möter ekonomisk stress i vardagen. Istället för att fastna i tankemönster om hur dyr maten är kan du möta känslan inom dig, mjukna, och därefter enklare navigera efter en lösning. Exempelvis leta efter ny inspiration på billigare måltider, eller komma på ett sätt att få in mera pengar på. Det kan till och med leda till att du inser att du har tillräckligt för att handla maten ni behöver och därmed uppleva tacksamhet för det som tidigare gav dig stress.

(slut på övning)

Ibland kan lösningarna kännas för enkla för att ta på allvar. Stress kan göra att problemen känns helt omöjliga att lösa. Men det är inte sant. Bara att få en möjlighet att ventilera, vila eller äta sig mätt kommer göra stor skillnad. Våga öva på de enkla lösningarna. De blir kraftfulla om de upprepas flera gånger över tid.

DU ÄR RIK PÅ PENGAR MEN ÄR ÄNDÅ INTE NÖJD

Dina konton och din ekonomi ser riktigt bra ut men du är inte riktigt nöjd. Du känner att du kan checka av allt på vad som förväntas av en duktig vuxen eller vad du förväntade av dig själv. Kanske har du karriären, sparkontot, huset och familjen, men känner en gnagande rastlöshet eller ett närvarande missnöje. Blev inte livet mer än så här? Om du känner igen dig i dessa bitar så handlar det om att du antingen har levt livet utifrån förväntningar, men inte från hjärtat, eller så har du levt från hjärtat men nu kommit till en plats där du behöver förändring.

Ibland handlar förändring om att skapa mer utrymme för återhämtning, skratt, fest, nya resor och nöjen. Du kanske hade en hobby i barndomen som du verkligen skulle älska att återuppta? Ge dig själv mera tid i ensamhet så du får tid för reflektion.

Ställ dig själv frågan "Vad längtar jag efter nu?", utgå från Maslow och Tonys perspektiv om de mänskliga behoven och fundera över vad du vill tillgodose.

Lyckoforskaren Ragnhild Bang Nes berättar att belöningssystemet i hjärnan aktiveras när vi ger till andra. Om ditt liv har handlat om att uppnå dina individuella mål där det också finns utrymme för nära relationer och gemenskap så tycker jag att du ska utforska det sjätte behovet om att bidra.

Hur kan du göra världen till en bättre plats för en person eller flera?

När jag gjorde undersökningar inför den här boken så ställde jag frågan ”Varför vill du ha mycket pengar”, och majoriteten av svaren som kom in var kopplade till frihet. De ville känna sig fria att göra vad de ville. Resa, köpa riktigt bra mat, anlita hemhjälp, hjälpa andra. Valmöjligheten gav känslan av frihet. Människor drömmer om att ha mera pengar för att känna sig fria. Men vad forskning visar är att mera pengar inte nödvändigtvis innebär att människor gör nya val.

Det är alltså inte säkert att du skulle göra förändringarna du drömmar om bara för att du fick mera pengar. Det är mer bekvämt och energibesparande att göra det du alltid har gjort. Att följa sig själv, sina drömmar och testa nya saker kräver modet att möta rädslor. Nya val innebär en utmaning av invanda mönster och det kommer att trigga både en och annan rädsla. Kan det vara så att du har möjlighet att välja annorlunda redan idag? Kan det vara så att några av dina ursäkter till varför det inte är möjligt nu inte är helt sanna?

Det är lätt att tro på en ursäkt när den känns tryggare än den inre turbulensen som uppstår vid förändring.

Jag strävade efter frihet långt innan jag strävade efter mera pengar. En stor del av min frihetslängtan handlade om modet att vara mig själv, och att ta den plats som jag egentligen ville ta. Det kunde handla om alltifrån att skratta riktigt högt, dansa utan att hålla tillbaka, sjunga bland folk (nykter) även om det var med en svajjig röst eller skriva en bok och föreläsa om ett ämne jag brinner för. En del av mig ville dra i handbromsen (flera gånger) av rädsla för ”Vad ska alla andra tycka och tänka?”, medan en annan del av mig vet hur underbart det är att släppa taget om bromsen, rädslan och ta min plats i den här världen. Det har jag gett mig mera frihet, att ta ett steg i taget.

Frihet är inte bara att kunna göra vad du vill från ett materialistiskt perspektiv, frihet är också att vara sann mot dig själv medan du navigerar mellan valen som du faktiskt har.

Jag tänker väldigt ofta på en intervju jag lyssnade på med Yeonmi Park, en kvinna som flydde från Nordkorea. Intervjuaren frågade henne ”Vad är den svåraste omställningen för människor som har lyckats fly från Nordkorea?” Varpå hon svarade,

”Valmöjligheterna”.

Hon berättar vidare att kontrasten blir så enorm, från att växa upp i ett land där du knappt får välja dina tankar, till att komma ut till en frihet som är större än de kunnat drömma om. Jag tänker ofta på det här. Nordkoreanen som klev ut i friheten är på en extrem sida av en skala av begränsande tankemönster och utmaningen i att vara sann mot sig själv och navigera alla val.

Du som läser denna bok befinner dig på precis samma skala, formad av andra begränsade tankemönster. Vilka beslut tar du genom dagarna och när i de besluten är du sann mot dig själv?

Vad är frihet egentligen och i hur stor utsträckning kan man utforska den?

Alltifrån att resa utomlands till att avbryta en relation under en graviditet, till att studera på högskolan, ta plats i TV, radio och lära mig att sälja är olika steg på samma röda tråd. Bryta de begränsningar jag insåg att jag befann mig i och hitta modet att välja nytt utifrån vad som känns sant för mig, i varje ny fas av mitt liv.

Som barn drömde jag om att bli författare och resa runt världen. Ibland behöver man leva lite innan vissa drömmar är redo att blomma. Du håller nu min barndomsdröm i dina händer som har fått växa fram och blomstra under en väldigt lång tid. Med ett steg i taget, navigerat ur en riktning och önskan om sanning så har jag mognat in i denna barndomsdröm.

Det är en fin känsla att vara i.

Vad skulle göra att du kände dig mera fri utifrån valmöjligheterna du har redan nu?

ATT ÄLSKA PENGAR

Du får älska dina pengar. Du får älska alla pengar du har haft, du får älska pengarna du kommer att få och du får älska pengarna du har. Oavsett om det är mycket eller lite. Att älska pengar handlar inte om att vara girig eller materialistisk. Det handlar om att förlåta historien, förlåta dina gamla vanor och öva på att leva från en plats där du prioriterar dina behov. I motsats till att leva efter mönster och ekonomisk stress du inte ens reflekterat över.

Vill du inte älska pengar? Det är okej, du behöver inte älska pengar. Men du kan uppskatta det du har och det som pengar ger dig, utan att bära på stress kopplat till verktyget pengar. Du kan få vara neutral till pengar som verktyg, men inse rikedomen i allt du har utan att jämföra dig med dem som "har det sämre eller bättre". Kolla på differensen i ditt eget liv. Vad har du skapat som du är stolt över? Vilka vanor har du förändrat som du är tacksam över?

Eller kanske viktigast av allt, vad vill du göra nu när du riktar blicken mot din horisont av livet? Alla gamla människor ger samma råd till sitt yngre jag. De önskar att de hade levt mera för sin egen skull, uppskattat sig själva mera och vågat ta för sig.

Nu när du vet att din relation till pengar går att läka, vad kommer du göra annorlunda, vilka känslor vill du ha närvarande i din ekonomi framöver.

"ÄR DU SÅ RIK SOM DU VILL VARA NU?"

Är en vanlig fråga jag får från publiken vid mina föreläsningar och workshops. I vår kultur är vi vana vid att man bara får ta plats när man är "tillräckligt bra, tillräckligt rik, eller tillräckligt lyckad".

Men enligt vems mått är det vi mäter, när det alltid finns någon att jämföra sig med?

Jag njuter av det jag har medan jag strävar efter att skapa mig mera emotionell frihet och ekonomisk rikedom. Den som har, kan också ge.